Selbstlernkurs:

Texte schreiben für

Homepage, Flyer, Broschüre und Co.

So präsentieren Sie sich, Ihre Angebote und Produkte

Heike Thormann

© 2024 Heike Thormann, Warendorf
2. aktualisierte Auflage, 1. Auflage 2012

ISBN Softcover: 978-3-384-21894-0
ISBN Hardcover: 978-3-384-21895-7
ISBN E-Book: 978-3-384-21896-4

Druck und Distribution im Auftrag der Autorin:
tredition GmbH, Halenreie 40-44, 22359 Hamburg, Germany

Portraitfoto: Studio Wiegel, Münster, Fotograf Peter Wiegel
Icon Cover: tredition GmbH, Hamburg

Selbstlernkurs:
Texte schreiben für
Homepage, Flyer, Broschüre und Co.
So präsentieren Sie sich, Ihre Angebote und Produkte

„Wer nicht wirbt, der stirbt" – das ist ein netter kleiner Spruch, der sogar für Kreative gilt, die als notorisch werbefeindlich verschrien sind. :-) Doch egal, ob Sie Künstlerin, Autor oder (Solo-)Selbstständige sind, um eines kommen Sie nicht herum: sich selbst, Ihre Leistungen und Ihre Werke zu präsentieren und dafür zu werben.

Manche machen das klassisch mit einem Flyer. Andere hat es mit einer Homepage ins Internet gezogen. Wieder andere kombinieren beides oder drucken Broschüren. Welche Methode Sie wählen, ist nicht so wichtig. Sie können den Kurs auf alle Textformen übertragen.

Ich möchte Ihnen zeigen, wie Sie sich so präsentieren, dass Sie für Ihr Publikum

- möglichst interessant sind,
- attraktiv klingen und
- kompetent wirken.

Denn nur so wird aus einem flüchtigen Betrachter ein (be-)zahlender Kunde.

Lernen Sie in diesem Kurs,

- was Sie vor Ihren Mitbewerbern auszeichnet und für Ihre Kunden interessant macht,
- wie Sie Texte schreiben, die Ihr Angebot erfolgreich präsentieren und verkaufen,
- und wie Sie Ihren Kunden das Gefühl geben „ja, hier bin ich richtig".

Dazu werden wir das Feld von zwei Seiten aufrollen: Sie bekommen Marketing-Know-how, um Ihre Zugkraft als Anbieter zu erhöhen. Und ich zeige Ihnen, wie Ihre Texte mit den Tipps von Profi-Schreibern und Werbetextern eine möglichst große Wirkung erzielen.

Lassen Sie uns beginnen.

Inhaltsverzeichnis

Inhaltsverzeichnis..6

Teil 1: Was macht mich einzigartig? 7

Teil 2: Wie präsentiere ich mein Angebot?.. 12

Teil 3: Wie überzeuge ich mit meiner Person oder Firma? 19

Checkliste: Möglichkeiten für meinen USP erkennen................................ 23

Checkliste: Den USP für meine Person herausarbeiten............................ 25

Checkliste: Mit meiner Persönlichkeit Vertrauen gewinnen 28

Checkliste: 8 Tipps, wie Sie verkaufsstärker schreiben............................ 31

Anhang: Mehr Infos zu den erwähnten Schreibtechniken 33

    1. Storytelling im Marketing: Mit Geschichten werben 33

    2. Zeigen, nicht sagen: Wie Sie Ihre Leser leichter überzeugen............37

    3. Mit Metaphern werben..40

Bücher und Kurse von mir..43

Über mich...44

Teil 1: Was macht mich einzigartig?

Bevor es ans eigentliche Schreiben geht, heißt es: zunächst die Argumente und Inhalte suchen, dann formulieren und feilen.

Und die Argumente sammeln wir in diesem ersten Kursteil.

Übung 1: Was begeistert mich?

Gerade viele Selbstständige, viele Künstler, viele Kreative sind „Überzeugungstäter". Sie folgen einer Leidenschaft oder sie setzen ein Hobby beruflich um. Und diese Leidenschaft oder Begeisterung kann erheblich zu Ihrer Einzigartigkeit beitragen und Sie von Ihren Mitbewerbern unterscheiden.

Sammeln Sie hier ein paar Stichpunkte oder schreiben Sie einen kurzen Text zum Thema: „Was begeistert mich?" Brainstormen Sie ein wenig darüber, was Sie eigentlich antreibt. Das kann eine Vorliebe für etwas sein, ein Hobby, Ihr Beruf oder Ähnliches mehr.

Beispiel: Sie sind Yoga-Lehrer. Und Sie schwärmen für alles Spirituelle. Sie bringen das auch in Ihren Unterricht ein. Diese Leidenschaft ist es, die Sie von Mitbewerbern unterscheidet, für die Yoga nur eine Form der Körperertüchtigung ist.

Den USP für seine Person herausfinden

Der Markt ist heute mehr als überfüllt. Es gibt für fast alles mehr als genügend Angebote. Und selbst wenn einmal etwas wirklich neu sein sollte, bleibt es das nicht lange.

Sie brauchen etwas, um sich von Ihren Mitbewerbern zu unterscheiden und um nicht ausschließlich über den Preis argumentieren zu müssen. Sie brauchen einen USP, einen Unique Selling Point beziehungsweise eine Unique Selling Proposition – ein Alleinstellungsmerkmal.

Bei vielen Selbstständigen, Künstlern, Kreativen ist das ihre Person, ihre Persönlichkeit. Überlegen Sie, ob Sie sich in den folgenden Punkten irgendwie auszeichnen.

- **Fähigkeiten und Erfahrungen:** Das können zum Beispiel sein: Aus- und Weiterbildungen, praktische Erfahrungen, Methoden-Know-how, persönliche Fähigkeiten, Beziehungen und Ressourcen.

- **Vorlieben und Interessen:** Was liegt Ihnen am Herzen? Welche Hobbys oder Interessen haben Sie? Welche Tätigkeiten machen Ihnen Spaß? Wofür „brennen" Sie?

- **Einstellungen und Werte:** Was ist Ihnen wichtig? Wofür stehen Sie? Was sind Ihre Überzeugungen und Werte? Welches Image wollen Sie sich geben?

- **Persönlichkeit:** Welche Eigenschaften könnte man besonders an Ihnen schätzen? Welche Charakterzüge könnten für das, was Sie tun, besonders wichtig sein?

Tipp: Mehr Informationen dazu, wie Sie Ihren persönlichen USP herausarbeiten, finden Sie in einer Checkliste im Anhang des Kurses.

Übung 2: Worin bin ich besser?

Gut, üben Sie einmal: Worin unterscheiden Sie sich – Ihrer Meinung nach – positiv von Ihren Mitbewerbern? Was zeichnet Sie aus?

Stellen Sie sich dazu gedanklich einen fiktiven oder tatsächlichen Mitbewerber vor. Zählen Sie auf, worin Sie besser sind als dieser. Das können eigene Fertigkeiten sein, Auszeichnungen, Rahmenbedingungen oder Details wie „bessere Mitarbeiter" (dann auch: warum und worin besser) oder „modernere Büros".

Lassen Sie sich auch gern Feedback geben, ob andere das ebenfalls als Vorteil sehen.

Beispiel: „Ich bin Yoga-Lehrer." + „Ich bin ‚besser' als andere Yoga-Lehrer, weil ich ein spirituelles Element in Form von Mantras, kleinen Götterbildern und Weisheitsgeschichten in meinen Unterricht bringe. Und ich finde, das ist wichtig für Yoga, weil ..."

Tipp: Achten Sie auf Selbstaussagen wie „ich bin besser, weil ich moderne Büros habe". Das bedeutet erstens, dass Sie das offenbar für wichtig halten. Und es ist zweitens sinnvoll, auch den Rest Ihres Geschäfts darauf abzustimmen und sich eine entsprechende Zielgruppe zu suchen oder anzusprechen.

Möglichkeiten für USP

Auf welchen Gebieten können Sie selbst oder Ihr Unternehmen „einzigartig" sein?

- **Die Person:** Ihre Persönlichkeit, Ihre Mitarbeiter oder die „Seele" :-) Ihres Handwerks, Ihres Unternehmens.

- **Die Inhalte:** Angebote, Produkte, Dienstleistungen oder Teile davon.

- **Die „besondere Note":** Ein bestimmter Dreh, eine Zutat oder Ähnliches. Dieser Punkt kann sich teilweise mit den Inhalten decken.

- **Die Qualität:** Hohe Qualität, Standard, geringer, aber günstiger und so weiter.

- **Der Service:** Von der individuellen Betreuung bis zur Automatisierung. Dieser Punkt hängt teils mit der anvisierten Qualität zusammen.

- **Zusätzliche Leistungen:** Von einem „besonderen Dreh" (siehe oben) bis zu sinnvollen Ergänzungen des Kernangebots.

- **Design und Aufmachung:** Von eher produkt- bis eher persönlichkeitsorientiert.

- **Auftreten und Verpackung:** Von der Verpackung des Produkts bis zum eigenen Auftreten. Dieser Punkt hängt teils mit Design und Aufmachung zusammen.

- **Marke und Image:** Welches Image wollen Sie sich geben? Und: Ergeben die genannten Punkte ein stimmiges Bild, eine „Marke"?

Tipp: Auch hierzu finden Sie eine ausführlichere Checkliste im Anhang des Kurses.

# Übung 3: Erfolgsgeschichte schreiben (Storytelling)

Stellen Sie sich vor, Sie schreiben eine Chronik über sich und Ihr Geschäft. Oder Sie schreiben einen Bericht an einen Freund, den Sie lange nicht gesehen haben. Und in dieser Chronik oder diesem Bericht erzählen Sie von Ihren Erfolgen.

Das können besondere Kunden sein, Auszeichnungen, persönliche Stärken, Abenteuer, die Sie und Ihr Unternehmen bestanden haben. Alles, was Sie als Erfolg verbuchen können.

Überlegen Sie in einem zweiten Schritt wieder, was das über Ihre „Einzigartigkeit" aussagt.

Beispiel: Viele Mütter kommen vertrauensvoll zu Ihnen, weil sie sich von Ihnen verstanden fühlen. (Das könnte auf ein besonderes Einfühlungsvermögen oder besondere kommunikative Fähigkeiten hinweisen. Vielleicht auch darauf, dass Sie selbst Mutter sind und deshalb die Probleme der Mütter gut nachvollziehen können.)

Üben Sie wieder und schreiben Sie eine solche „Erfolgsgeschichte" auf. Halten Sie sich nicht lange mit Formulierungen oder der Struktur auf, es zählen nur die Argumente.

Tipp: Falls es Sie interessiert, finden Sie Informationen zum Storytelling wieder im Anhang.

Der Nutzen und die Vorteile für andere

Ein weiterer Ansatzpunkt: Vergessen Sie bei all der Suche nach Ihrer „Einzigartigkeit" Ihre Kunden nicht. Was haben diese von Ihrem USP? Warum sollten sie zu Ihnen kommen? Warum sind Sie „ihr Mann" oder „ihre Frau"? Überlegen Sie einmal:

- Welchen Vorteil haben andere von Ihnen? Womit können Sie ihnen nutzen?
- Was schätzen andere an Ihnen, womit können Sie sich profilieren?
- Was könnte für andere nützlich oder interessant sein?

Ihre Argumentationskette könnte beispielsweise so aussehen: Ich habe die und die Fähigkeiten. → Ich bringe das und das Alleinstellungsmerkmal mit. → Deshalb kann ich meinen Kunden konkret den und den (besonderen) Nutzen bieten. (Über meine Mitbewerber hinaus.) Und das macht mich für meine Kunden interessant.

Beispiel: Ich lese Sanskrit. (Fähigkeiten) → Ich binde spirituelle Lesungen in meinen Yoga-Unterricht ein. (Alleinstellungsmerkmal) → Ich bringe allen einen Nutzen, die in Yoga mehr als eine bloße Körperertüchtigung sehen und zu spirituell-philosophischen Betrachtungen angeregt werden wollen. (Besonderer, konkreter Nutzen; ggf. über Mitbewerber hinaus.)

Wir üben das gleich einmal praktisch ein.

Übung 4: Wenn ich mein Kunde wäre, dann …

Diese Übung ist eine Synthese (Verschmelzung) der folgenden Zitate:

- „Ich wünsche den Menschen die Gabe, sich mit den Augen der anderen zu sehen." (Robert Burns)

- „Die besten Ideen kommen mir, wenn ich mir vorstelle, ich bin mein eigener Kunde." (Charles Lazarus)

Das ist Ihre Chance: Stellen Sie sich vor, Sie wären Ihr eigener Kunde. Nennen Sie drei bis fünf Gründe, warum Sie (als Ihr Kunde) zu Ihnen (als Anbieter) gehen sollten.

Achtung: Bitte versuchen Sie wirklich, aus Ihrer Haut zu schlüpfen und sich mit den Augen Ihres Kunden zu sehen. Das kann ein fiktiver oder ein bestimmter Kunde sein oder auch entsprechendes Feedback, das Sie einmal bekommen haben.

Die begrenzte Zahl „zwingt" Sie dazu, sich auf wirklich wichtige Dinge zu konzentrieren.

Übung 5: Anzeige schreiben

Versuchen Sie jetzt, die wirklich wichtigen Argumente zu finden, die Sie für Ihre Kunden interessant machen.

Stellen Sie sich dazu vor, Sie schreiben eine Anzeige. Der Platz ist begrenzt, die Sache kostet (manchmal richtig viel) Geld. Logisch, dass Sie Ihre wichtigsten Zug-Argumente bringen werden, die für Sie sprechen und die Ihnen Kunden bringen sollen.

Denken Sie an alle Argumente, die Sie im bisherigen Kursverlauf für Ihre „Einzigartigkeit" gesammelt haben. Konzentrieren Sie sich auf die, die Ihren USP am besten zu verkörpern scheinen. Schreiben Sie diese auf.

Achtung: Bitte stellen Sie sich nur vor, Sie würden eine Anzeige schreiben. Sie sollen sie nicht wirklich schreiben. Sie müssen also auch nicht über deren Formulierung grübeln. :-) (Jedenfalls noch nicht.) Hier geht es lediglich um den Inhalt.

Tipp: Sie können mit dieser Übung überprüfen, ob Sie in den bisherigen Übungen die wirklich wichtigen Unterscheidungskriterien genannt haben. Also die Kriterien, die Sie auch in einer Anzeige mit ihrem begrenzten, kostspieligen Platz bewerben würden. Oder fehlt vielleicht noch etwas? Beziehungsweise wollen Sie umgekehrt Ihre Ausbeute reduzieren?

Kleine Zusammenfassung dieses Kursteils

Wissen Sie, was Sie können, was Sie draufhaben, welchen Vorteil andere von Ihnen haben? Dann können Sie das auch selbstsicher als Verkaufsargumente nutzen und glaubwürdig vertreten.

Wissen Sie, worin Sie sich von anderen unterscheiden, was Sie anders machen als andere? Dann können Sie sich auch ein passendes Image schaffen und Ihre Einzigartigkeit nach außen kommunizieren.

Wissen Sie, welche Eigenschaften Sie persönlich auszeichnen, welche Werte Ihnen wichtig sind? Dann können Sie das auch authentisch leben und Ihrem Gegenüber so das Gefühl geben, Sie begreifen und Ihnen vertrauen zu können.

Teil 2: Wie präsentiere ich mein Angebot?

Wir starten mit ein paar üblichen „Schreibfehlern".

Schreiben Sie persönlich

- Oft ist es besser, wenn Sie „ich" und nicht „wir" schreiben, wenn Sie Einzeltäter sind. A) Sonst wecken Sie nur falsche Vorstellungen. B) Sonst nehmen Sie sich die Chance, sich als Persönlichkeit zu profilieren. (Das gilt auch bei einem unpersönlichen „man".)

- Sprechen Sie Ihre Kunden direkt und persönlich an. Stellen Sie ein Band zu ihnen her.

- **Beispiel:** Nicht „Heinz Müller/Firma xyz versteht sich als Dienstleister für ..." Sondern: „Ich bin Experte für ... und deshalb kann ich Ihnen helfen, wenn Sie ..."

Vorsicht mit „Marketing-Slang"

- Die typische Marketing-Sprache mit ihren **Übertreibungen** wird heutzutage oft nur noch als „weißes Rauschen" wahrgenommen. Dass der Kunde König sein soll, ist a) oft kaum zu erfüllen, doch sollte sich b) ein guter Service von selbst verstehen. :-)

- Vorsichtig wäre ich auch bei wenig aussagekräftigen **Slogans** wie „Träume werden mit uns wahr". Aber vielleicht ist das auch mein persönliches Empfinden. Achten Sie ggf. gern selbst auf eigene Vorlieben und Abneigungen.

- Vorsichtig wäre ich zudem bei eher **platten Aussagen** wie: „Wir entwickeln Webseiten mit individuellem Design und moderner Programmierung."

- Und zumindest ich selbst würde auch versuchen, die Finger von **sprachlichen Manipulationen** zu lassen wie „weil Sie es sich wert sind".

Im anderen Fall ist schnell der Verdacht zur Hand: „Der Anbieter hat nichts zu sagen, ist nicht glaubwürdig, er will mir nur etwas verkaufen oder mich manipulieren."

Leider gibt es immer noch viele (Werbe-)Texter, die zu diesen Formulierungen greifen. Doch zumindest einen eher aufgeklärten, kritischen Kunden (wie mich :-)) werden Sie damit wohl oft nicht erreichen.

Mehr noch: Sie werden damit austauschbar und gehen in der Masse derjenigen unter, die zu ähnlich leeren Phrasen greifen. Sie nehmen sich die Möglichkeit, etwas so zu schreiben, dass es auch wirklich für Sie spricht.

Übung 6: „Marketing-Slang" erkennen

Wir sind heute dermaßen vom „Marketing-Slang" überschüttet, dass wir ihn oft kaum noch wahrnehmen. Wir reagieren nur unbewusst darauf, indem wir zum Beispiel einem entsprechenden Text keinen Glauben schenken und ihn ignorieren.

Wenn Sie mögen, können Sie ja einmal brainstormen: Können Sie Beispiele für eine solche Sprache nennen? Wenn ja, welche Wirkung hat diese auf Sie?

Beispiele:

- „Bei uns ist der Kunde König." (Übertreibung)

- „Die zarteste Versuchung, seit es Schokolade gibt." (Übertreibung, ggf. sprachliche Manipulation)

- „Unsere Küche bietet Ihnen echte Gaumenfreuden." („Platte" Aussage)

- „Faire Preise und kompetenter Service sind eben Ihre Pluspunkte bei ..." („Platte" Aussage: Was ist ein „fairer Preis"?)

- „Sicher kennen Sie das ..." (Sprachliche Manipulation)

- „Sicher stimmen Sie mir zu, wenn ich Ihnen sage ..." (Sprachliche Manipulation)

Nutzen für den Kunden herausstellen

Wir kaufen keinen Köder. Wir kaufen den großen Fisch, den wir damit fangen wollen.

Es klang im ersten Kursteil schon an: Überlegen Sie auch immer, welchen Vorteil oder welchen Nutzen Ihre Kunden von Ihnen haben.

Schwärmen Sie nicht nur davon, wie großartig Sie sind. :-) Und beschränken Sie sich auch nicht darauf, nur nüchtern Ihre Produkte zu beschreiben. Beides geht oft am Kunden vorbei.

Argumentieren Sie aus der Perspektive des Kunden, was dieser jetzt ganz konkret von Ihnen hat. Machen Sie ihm den Nutzen schmackhaft. :-)

Dazu können Sie sich zum Beispiel fragen:

1. Wie sieht mein Produkt oder meine Leistung aus? Welche Eigenschaften zeichnen es oder sie aus?

2. Welchen Nutzen haben diese Eigenschaften für meinen Kunden? Welche Vorteile bringen sie ihm?

Verbinden Sie als Nächstes Eigenschaft und Nutzen in einem Satz oder Absatz, gegebenenfalls durch eine Kausalverbindung gekoppelt wie „und deshalb ...", „daher ...", „weil ..." oder Ähnliches mehr.

Beispiel:

„Wir sind ein Full-Service-Anbieter von Anglerlösungen und arbeiten mit namhaften Herstellern, Reiseveranstaltern und Busunternehmen zusammen. Deshalb können Sie die Organisation Ihres Angelausflugs unbesorgt uns überlassen. Von der Ausstattung bis zur Hotelunterkunft müssen Sie sich um nichts kümmern. Sie geben uns den Auftrag und wir machen Ihren Ausflug zu einem Erfolg."

Sehen Sie, was ich meine?

Sie schreiben nicht nur, dass Sie ein Full-Service-Anbieter sind. Sie sagen dem Kunden auch, was das konkret für ihn bedeutet und weshalb er davon profitiert. (Der Kunde muss sich um nichts kümmern, die gesamte Organisation des Ausflugs wird ihm abgenommen.)

 **Übung 7: Den Nutzen herausstellen**

Möchten Sie wieder üben? Gern. Suchen Sie nach Nutzen-Argumenten. Sehen Sie sich die folgende Tabelle an und übertragen Sie sie auf Ihr eigenes Anliegen oder Angebot.

Mein Angebot	Merkmale und Details	Nutzen für den Kunden
Full-Service für Angler, u. a. Organisation von Angelurlaub	Busse chartern	Eigene Anreise entfällt
	Hotels buchen	Suche nach Hotel entfällt
	Ausstattung bereitstellen	Eigene Ausstattung nicht nötig oder kann zuhause bleiben
Eventuell noch Argumente wie:		
		Keine Arbeit, kein Stress, ist bequem, Zeit sparen, lästige Ausstattung nicht mit sich herumschleppen, Anfänger ohne Ausstattung können ebenfalls teilnehmen und erst mal schnuppern usw.

Suchen Sie sich *ein* Angebot aus Ihrer Leistungspalette aus und arbeiten Sie dazu nach dem obigen Muster ein paar Nutzen-Argumente heraus.

Lassen Sie sich auch gern wieder Feedback geben, ob andere das ebenfalls als Nutzen sehen. Können Ihre Mitmenschen weitere Argumente beisteuern?

Zeigen, nicht beschreiben (show, don't tell)

Viele Texte lauten etwa so: „Unsere Küche bietet Ihnen echte Gaumenfreuden." Oder: „Im Service sind wir unschlagbar." Oder: „Sie werden Ihren Angelurlaub lieben."

Aber: „Echte Gaumenfreuden" kann man nicht sehen. Für den unschlagbaren Service habe ich keinen Beweis. Und warum soll man diesen Angelurlaub lieben?

Das Problem ist: Diese Texte überzeugen nicht, sie behaupten.

Eine Lösung wäre: Bilder zu finden, die die Behauptung stützen. Zu überzeugen, statt zu überreden. (Neben der Lösung, Zahlen, Daten, Fakten zu nennen, natürlich.)

Wenden Sie deshalb die alte Schriftstellerregel an: „Show, don't tell." (Zeigen, nicht beschreiben.) Malen Sie mit Worten ein Bild. Nennen Sie Einzelheiten, die den Leser seine Schlüsse selbst ziehen lassen.

Beispiel: Schreiben Sie zum Beispiel nicht: „Er war gestresst." Sondern schreiben Sie etwas wie: „Hektisch und mit gereiztem Ton in der Stimme ..."

So beziehen Sie den Leser und seine Vorstellungswelt mit ein.

Nutzen 1: Der Leser muss die „Bilder" (jemand ist gestresst) selbst formen. Das fördert das aktive Lesen. Sie ziehen den Leser in den Text hinein und stellen ein Band zu ihm / ihr her.

Nutzen 2: Sie lassen den Leser etwas selbst deuten, statt ihm oder ihr eine Interpretation vorzusetzen. Dadurch wird der Text glaubwürdiger.

Gerade in Werbetexten, Produktbeschreibungen und Ähnlichem ist es wichtig, den Leser etwas „selbst sehen zu lassen". Das heißt: Sagen Sie dem Leser nicht, was er denken soll. Versuchen Sie lieber, etwas so zu zeigen, dass er von selbst zu diesem Schluss kommt.

Beispiel: Bei den „echten Gaumenfreuden" könnte es das Bild eines mit Platten und Tellern überladenen Tisches sein, auf dem sich fangfrischer Tintenfisch neben allein fünf Sorten von Pudding tummelt. Beim „unschlagbaren Service" könnte es eine kostenlose 24-Stunden-Hotline oder der direkte Draht zur Geschäftsleitung sein.

Dabei hilft es Ihnen, wenn Sie

- konkret schreiben,
- viele Details gebrauchen
- und sorgfältig beobachten.

Tipp: Falls es Sie interessiert, finden Sie auch dazu mehr Informationen im Anhang.

Wir wollen das gleich wieder praktisch einüben.

Übung 8: Zeigen, nicht beschreiben (Show, don't tell)

Versuchen Sie, andere davon zu überzeugen, dass Sie das kundenfreundlichste Unternehmen vor Ort sind. :-)

- **Schritt 1:** Suchen Sie nach passenden Details. (Woran kann man diese Kundenfreundlichkeit erkennen?)

- **Schritt 2:** Gießen Sie diese Details in ein „Bild", das der Leser sehen kann.

Beispiel: Ein Produkt soll einfach anzuwenden sein. → Behaupten Sie nicht, dass das so ist. Sondern überzeugen Sie mit Worten wie: „Das Produkt ist kinderleicht zu bedienen." (Das Argument oder Detail ist das „kinderleicht".) „Sie haben in fünf Minuten den Dreh raus." (Das Argument sind die fünf Minuten, also die kurze Zeitspanne.)

Und als konkrete Beispiele zur Kundenfreundlichkeit:

„Wir haben rund um die Uhr geöffnet."

„Wir hüten Ihr Kind – Sie gehen shoppen."

Mit Metaphern werben

Eine weitere Methode, um Ihrem Kunden ein „Bild" zu zeigen, sind Metaphern. Auch mit ihrer Hilfe müssen Sie Ihrem Kunden nicht lang und breit etwas erklären, wodurch womöglich Gefahr laufen, ihn zu verlieren. Stattdessen können Sie vorhandene Bilder und Erfahrungen anzapfen.

Nutzen: Sie schaffen ein Band zum Leser und knüpfen an dessen Vorstellungswelt an. Sie lassen ihn wieder etwas „sehen" und wecken damit Vertrauen. Sie binden den flüchtigen Leser länger und bekommen damit Zeit, Ihre Angebote zu erklären. Ihre Texte werden anschaulicher und verständlicher.

Eine Metapher ist ein Sprachbild. Man unterscheidet zwei große Kategorien.

A) **Die klassische Deutung** bezeichnet nur die Worte als Metapher, die sich aus zwei ursprünglich getrennten Begriffen zusammensetzen. („Hauchzart" aus Hauch und zart.)

B) **Die allgemeine Deutung** bezeichnet alles als Metapher, was ein Sprachbild, eine Redewendung oder ein besonders ausdrucksstarkes Bild wiedergibt. (Zum Beispiel „etwas schmackhaft machen" oder „appetitlich präsentieren" aus meiner Kursausschreibung. Das ist allerdings eher in weiterem Sinne als Metapher zu verstehen.)

Achtung: Metaphern sind nicht ganz unproblematisch.

A) Oft werden sie nur von jemandem mit ähnlichem kulturellem und sprachlichem Hintergrund verstanden. (Nicht jeder weiß zum Beispiel, dass mit einem „Wüstenschiff" ein Kamel gemeint ist.) Erklären Sie eine solche Metapher dann gegebenenfalls durch den Kontext (Zusammenhang).

B) Zu viele Metaphern können einen Text „blumig" werden lassen. Setzen Sie sie gegebenenfalls eher sparsam und gezielt ein. Ziehen Sie zum Beispiel ein bestimmtes Sprachbild wie mein „schmackhaft, appetitlich" aus meiner Ausschreibung konsequent durch und bedienen Sie es in mehreren neuen Facetten.

Tipp: Auch zu dieser Technik finden Sie weitere Informationen im Anhang.

Übung 9: Metaphern finden

Möchten Sie wieder üben? Suchen Sie nach Metaphern für Ihr eigenes Angebot. Gehen Sie dazu in zwei Schritten vor.

- **Schritt 1:** Finden Sie einen Nutzen. (Was bringt mein Angebot dem Kunden?)

- **Schritt 2:** Suchen Sie nach passenden Sprachbildern dafür. (Wie drücke ich das aus?)

Beispiel: Die „hauchzarte, federleichte Schokolade". (Die Sie trotz der Sorge um Ihr Gewicht ruhig essen dürfen, weil sie fettreduziert ist.) Oder: Der Tauchurlaub, der Ihnen einen „Farbenrausch" und ein „Feuerwerk an Sinneseindrücken" verspricht.

Und noch ein paar weitere Tipps:

Konkret, detailliert und genau schreiben

- **Konkret sein:** Schreiben Sie so konkret wie möglich, damit der Kunde sich etwas unter Ihrem Angebot vorstellen kann.

- **Details nennen:** Bieten Sie so viele Informationen wie nötig – Inhalt, Preis, Rahmenbedingungen, Ablauf und so weiter. Nur wenige Interessenten fragen nach, wenn sie etwas interessiert, aber noch unklar ist. Alle anderen haben Sie verloren.

- **Klar schreiben 1:** Seien Sie vorsichtig mit gewollt „hippen" Texten, Anspielungen, die kaum jemand versteht, oder anderen Dingen, die Fragezeichen produzieren können.

- **Klar schreiben 2:** Achten Sie auch darauf, dass Ihre Argumentationskette schlüssig ist. Vermeiden Sie Lücken und Sprünge.

Attraktiv und verständlich schreiben

Versuchen Sie zudem, so verständlich wie möglich zu schreiben. Wie gesagt: Texte, die Ihr Kunde nicht versteht, sind Angebote, die er oder sie oft nicht in Anspruch nimmt.

- **Einfach schreiben:** Versuchen Sie, Schachtelsätze, Fremdwörter oder eine zu gehobene Sprache zu meiden. (Es sei denn, sie passen zu Ihrer Zielgruppe.)

- **Aktiv schreiben:** Versuchen Sie, abstrakte Passiv-Konstruktionen zu meiden. Schreiben Sie „Wir bieten Ihnen …" statt „Ihnen wird … geboten".

- **Verben bevorzugen:** Verben sind aktiver als die daraus abgeleiteten Hauptwörter (= Substantivierungen). Schreiben Sie zum Beispiel „steuern Sie Ihr Ziel so genau wie möglich an" statt „in der Zielansteuerung sollten Sie möglichst genau vorgehen".

- **Bildhaft und emotional schreiben:** Gebrauchen Sie eine Sprache, die „den Leser berührt". Dazu gibt es einen weiteren Kurs von mir: „Mit Sprache spielen und Herzen berühren. Fesseln Sie Ihre Leser mit der Welt der Worte."

 **Übung 10: Texte überprüfen 1**

Haben Sie schon eigene Entwürfe oder Texte vorliegen, mit denen Sie für Ihre Angebote und Dienstleistungen werben wollen? Wenn ja, sehen Sie sich diese an. Sind sie klar, konkret und verständlich geschrieben? Wenn nein: Wie können Sie sie verbessern?

Teil 3: Wie überzeuge ich mit meiner Person oder Firma?

Selbstvorstellung und Über-mich-Seite

Oft werden Sie eine Art Selbstvorstellung brauchen. Denn Ihre Kunden wollen wissen, wer Sie sind und aus welcher Ecke Sie kommen. Diese Selbstvorstellung greift noch einmal Ihre „Einzigartigkeit" und Ihren USP aus dem ersten Kursteil auf. Zusätzlich beinhaltet sie meist noch einige biografische Daten, Hintergrund-Informationen und Ähnliches mehr.

Üblicherweise steht diese Selbstvorstellung auf einer sogenannten „Über mich"-Seite oder erfolgt über ein Unternehmensporträt.

Der Leser möchte Informationen über:

1. Fachliche Kompetenzen und berufliche Erfahrungen (Ausbildung, Fachkenntnisse, Methoden-Know-how und Ähnliches mehr. Antwort auf die Frage: „Bekomme ich das, was ich mir erhoffe?")

2. Die Persönlichkeit bei einer Einzelperson beziehungsweise die Werte bei einem Unternehmen (Einstellungen, Werte, Philosophie. Antwort auf die Frage: „Liegen wir auf einer Wellenlänge?")

3. Arbeitsweise und Einstellung zur Arbeit (Motivation, Vorgehen, Vorgehensweise. Antwort auf die Frage: „Fühle ich mich dort gut aufgehoben?")

Die Form einer solchen Selbstvorstellung ist oft nicht so wichtig. Aufzählungen und Tabellen sind ebenso möglich wie Fließtext oder ein wenig Storytelling. (Beispiel für Letzteres: Fortschritte und Entwicklung des Unternehmens, die wie eine Chronik gestaltet sind.)

Verzahnung von Selbstvorstellung und Darstellungsabsicht

Sie müssen bei Ihrer Selbstdarstellung keinen Lebenslauf oder eine ganze Firmengeschichte schreiben. Das ist oft auch eher kontraproduktiv. Den Leser interessiert nur, welche der oben genannten Punkte *für das beworbene Angebot oder Ihre Darstellungsabsicht („wie präsentiere ich mich") relevant sind*. Schreiben Sie aus Kundensicht.

Argumentieren Sie zielgerichtet. Überlegen Sie:

Schritt 1: Worum geht es in diesem Angebot oder in meiner Dienstleistung? Welche Zielgruppe möchte ich erreichen? Was möchte ich aussagen?

Schritt 2: Welche Details aus meiner Biografie und meinem Leben, welche Eigenschaften und Persönlichkeitsmerkmale können für mein Angebot wichtig sein? Das heißt: Mit welchen Argumenten kann ich meine Aussagen stützen? Welche Angaben braucht mein Kunde von mir, um zu dem Schluss zu kommen „ja, dieser Anbieter ist der Richtige für mich"?

Beispiele:

Erwähnen Sie beispielsweise sportliche Aktivitäten, wenn Sie in diesem Bereich beruflich tätig sind oder aber den Eindruck von Dynamik, Energie und Ähnlichem erzeugen wollen.

Nennen Sie Fortbildungen in NLP, Wahrnehmungstechniken, Gesprächsführung oder Ähnlichem, um zu belegen, warum Sie – neben handfesten Verkaufserfolgen – ein besonders guter Verkäufer sind.

Oder bei einer Firmenchronik: Erzählen Sie nicht vom Firmengebäude, wenn diese Information für den Leser nicht wesentlich ist. Doch wenn Sie Kompetenzen erworben, bekannte Kunden für sich gewonnen oder Ihren Mitarbeiterstab um Menschen mit für das Angebot wichtigen Fähigkeiten erweitert haben, dann immer her damit. :-)

Mehr dazu lesen Sie auch im Abschnitt „show, don't tell". (Zeigen, nicht behaupten.)

Möchten Sie wieder üben? Gern.

Übung 11: Selbstdarstellung abstimmen

Überlegen Sie einmal: Mit welchen Argumenten können Sie Ihr Angebot bewerben oder Ihre Darstellungsabsicht (etwa „ich bin besonders sportlich") erreichen? Gehen Sie dazu wieder in zwei Schritten vor.

- **Schritt 1:** Überlegen Sie, was Sie genau aussagen wollen.

- **Schritt 2:** Suchen Sie nach Argumenten oder Details, um das sprachlich umzusetzen.

Beispiel: Meine eigene Ausschreibung zu diesem Kurs:

Darstellungsabsicht	Argument
Ich kann gut schreiben	Erfahrungen als Redakteurin, Autorin, Werbetexterin, Schreibcoach usw.
Ich habe Ahnung von (Selbst-)Marketing	Entsprechende Elemente in Ausbildung, Berufserfahrung, eigene Selbstvermarktung
und so weiter	

Beispiel für eine solche Argumentationskette: Ich fertige Handtaschen. (Das ist Ihre Tätigkeit oder Ihr Angebot.) → Ich habe ein Händchen für flippige, ausgefallene Modelle. (Das ist Ihre Darstellungsabsicht. Das soll der Kunde als Aussage mitnehmen.) → Ich war früher Kostümbildnerin im Theater. Immer neue originelle „Masken" und Modelle sind meine Spezialität. (Das ist ein passendes Argument oder Detail aus Ihrer Biografie.)

Jetzt Sie: Sammeln Sie einige Argumente für Ihre Selbstdarstellung.

Lassen Sie sich in einem zweiten Schritt gegebenenfalls wieder Feedback geben. Finden Ihre Mitmenschen Ihre Argumente plausibel?

Selbstdarstellung in Angebot integrieren

Sie können, wie gesagt, Ihre Selbstdarstellung auf einer eigenen „Über mich / über uns"-Seite schreiben. (Zum Beispiel bei einer Webseite, Homepage.) Sie können sie in Form eines kleinen Absatzes bei Ihrem Angebot, Produkttext, Flyer oder Ähnlichem einbauen. Oder Sie können sie in Ihr Angebot, Ihre Dienstleistung oder den Einführungstext Ihrer Webseite *integrieren,* bei letzterer vorzugsweise auf der Startseite.

Wenden Sie das Wissen dieses Kurses an, um den Kunden 1) mit ausgesuchten Elementen Ihrer Einzigartigkeit 2) in den Text zu ziehen und 3) für sich und Ihr Angebot zu begeistern.

Sehen Sie sich dazu das Beispiel eines Grafikers an:

1. Er geht von folgender Situation aus: Der Markt ist heute überfüllt. Es gibt für alles mehr als genügend Anbieter.

2. Er glaubt, dass seine Kunden sich fragen: „Wie setze ich mich von anderen ab? Wie steche ich aus der Masse heraus und werde besser wahrgenommen?"

3. Er will seinen Kunden helfen, aufzufallen, um wahrgenommen zu werden.

Nun kann man durch verschiedene Dinge auffallen. Seine Lösung sieht so aus, ein individuelles, ganz auf die Persönlichkeit des Kunden abgestimmtes „Gesicht" (Außenauftritt) zu schaffen. Seine Überlegung dahinter ist: Da jeder eine andere Persönlichkeit hat, wird sich dieses „Gesicht" von den Auftritten der Mitbewerber unterscheiden. Und es wird alle ansprechen, die damit auf einer Wellenlänge liegen.

Er argumentiert so:

„Der Markt ist überfüllt. → Es kann helfen, wenn Sie besser wahrgenommen werden. → Diese Wahrnehmung können Sie mit einem möglichst individuellen ‚Gesicht' fördern. → Ich kann Ihnen helfen, dieses Individuelle herauszuarbeiten und sichtbar zu machen. Das ist meine besondere Stärke. (USP, Einzigartigkeit) → Ich kann das deshalb, weil ... (Angaben aus Profil wie etwa: Erfahrungen als Comic-Zeichner, der unterschiedliche Persönlichkeiten der Figuren grafisch wiedergibt.) → Dazu gehen wir so vor ... (Vorgehensweise und Überleitung zu konkreten Angeboten/Dienstleistungen)"

Sehen Sie, was ich meine?

Zwei Praxisbeispiele

Hier habe ich zwei Beispiele einer sehr kurzen Selbstdarstellung für Sie, wie sie vielleicht in einem Flyer oder einem Eintrag in einem Online-Marktplatz stehen könnte.

Beispiel 1:

„Max Müller berät und coacht kleine Internet-Start-ups in Düsseldorf. Der erfolgreiche Internet-Unternehmer (Referenzlink) hat sich vor allem auf Online-Marketing und Strategie-Entwicklung spezialisiert. Seine beiden Bücher xx und yy sind zu Standardwerken in seinem Fach avanciert. Er ist außerdem Mitbegründer der Initiative ‚Go Internet 2004'." (Auszug)

Wer wird in dieser Selbstdarstellung angesprochen? Kleine Internet-Start-ups, am besten aus Düsseldorf und Umgebung. – Was wird ihnen geboten? Beratung und Coaching vor allem in Online-Marketing und Strategie-Entwicklung. – Wer ist der Anbieter? Selbst ein erfolgreicher Internet-Unternehmen mit den und den Referenzen. Und so weiter.

Beispiel 2:

„Wir bieten Ihnen Online-Shops für E-Books und Informationsprodukte. Einrichtung der Software, Anwenderberatung und Schulung, Pflege und Wartung. Langjährige Zusammenarbeit mit Online-Buchhändlern wie (Referenzlink)." (Auszug)

Worum geht es hier? Um Online-Shops für bestimmte Produkte. – Wer wird angesprochen? Jeder, der sich für diese Produkte und/oder Shops interessiert. – Was bekommt er? Eine Rundum-Betreuung von der Einrichtung über eventuelle Schulung bis zur Wartung. – Was befähigt den Anbieter? Die und die Referenzen.

 **Übung 12: Texte überprüfen 2**

Haben Sie schon eigene Entwürfe oder Texte vorliegen, mit denen Sie für Ihre Angebote und Dienstleistungen werben wollen? Wenn ja, sehen Sie sich diese wieder an. Gefallen sie Ihnen noch? (Dann ist alles gut.) Wenn nicht, wissen Sie nach dem Gesagten, wo Sie ansetzen und verbessern können?

 **Übung 13: Texte schreiben – Jetzt gilt's :-)**

Und wenn Sie mögen, können Sie jetzt auch loslegen und Ihre eigenen Werbe-, Vorstellungs- und Präsentationstexte schreiben.

Ich wünsche Ihnen dabei viel Erfolg. :-)

Checkliste: Möglichkeiten für meinen USP erkennen

(USP = Unique Selling Point oder Unique Selling Proposition = Alleinstellungsmerkmal)

Auf welchen Gebieten können Sie selbst oder Ihr Unternehmen „einzigartig" sein?

☑ **Die Person**

Jedes Unternehmen besteht aus Menschen, selbst wenn Sie eine große Firma mit vielen Mitarbeitern haben. Jeder einzelne Mitarbeiter wird von außen als Repräsentant oder Verkörperung Ihres Unternehmens wahrgenommen. Erst recht gilt das natürlich, wenn Sie selbst Ihr Unternehmen sind, zum Beispiel als Freiberufler oder Einzelunternehmerin. Sie und jeder, der für Sie arbeitet, kann Ihre Einzigartigkeit transportieren.

☐ **Die Inhalte**

Was bieten Sie an? Mit welchen Angeboten oder Produkten (oder Teilen davon) wollen Sie besonders „einzigartig" sein? Welchen besonderen Nutzen können Sie Ihren Kunden bieten? Und wenn Sie Einzeltäter sind: Was treibt Sie an? Was zeichnet Sie aus? Viele Selbstständige, Künstler, Kreative unterscheiden sich oft schon durch ihre besondere Leidenschaft für etwas von ihren Mitbewerbern. Beispiel: spirituelles Yoga statt bloße Körperertüchtigung.

☐ **Die besondere Note**

Wenn Sie es nicht schon bei den Inhalten berücksichtigt haben, können Sie hier darüber nachdenken, ob Sie Ihre Angebote mit einer Besonderheit oder einem bestimmten „Dreh" versehen wollen. Beispiel: Am Ende jeder Yoga-Stunde gibt es eine kleine Geschichte als „Denkanstoß".

☐ **Die Qualität**

Manchen Menschen ist von Natur aus eine hohe Qualität wichtig. Wenn Ihre Kunden dazu gehören und Sie diese Qualität auch liefern können, können Sie höhere Preise nehmen. Anderen ist eher der Preis wichtig und dann nimmt man auch eine geringere Qualität in Kauf.

☐ **Der Service**

In der Regel gehören zu einer hohen Qualität auch bessere Serviceleistungen. Oder Sie verzichten auf einen höheren Service, automatisieren und gehen dafür im Preis herunter. Überlegen Sie, wo Sie sich ansiedeln und welche Leistungen Sie jeweils bieten wollen.

☐ **Zusätzliche Leistungen**

Sie können entweder Ihr Angebot selbst mit einer besonderen Note versehen, wie die Geschichte gegen Ende der Yoga-Stunde im Beispiel oben. Oder Sie bieten zusätzliche Leistungen an, die Ihr Kern-Angebot sinnvoll ergänzen. Ein Beispiel: spirituelle Lesungen zusätzlich zum eigentlichen Yoga-Unterricht.

☐ **Design und Aufmachung**

Auch Ihre Wirkung nach außen unterstützt Ihre Einzigartigkeit. Um einmal mich selbst als Beispiel zu nehmen: Ich habe trotz meines kreativen Themas ein eher „nüchternes" Design. Nichts Verspieltes, Verschnörkeltes oder Kreativ-Buntes.

Das entspricht zum einen meinem Wesen. Ich ziehe nüchterne, klare Farben und Linien vor. Und es zieht natürlich auch eine bestimmte Zielgruppe an – nämlich Leute, denen es ähnlich geht und die mir hier gleichen. Auch das kann Teil Ihrer Einzigartigkeit sein.

☐ **Auftreten und Verpackung**

Das ähnelt teils dem letzten Punkt. Es ist ein Unterschied, ob Sie Ihr Büro eher in einer gediegenen Altbau-Villa haben oder in einem Szene-Treff. Und ich will jetzt nicht werten. Das ist ausschließlich für Ihre Kunden interessant, ob diese sich bei Ihnen wohlfühlen und Sie wegen Ihrer „Einzigartigkeit" schätzen werden oder nicht.

☐ **Marke und Image**

Hier schließt sich der Kreis und ich kehre zum Anfang und der Person zurück. Viele Unternehmen zahlen viel Geld dafür, um sich eine Marke und ein Image schneidern zu lassen. Sie als (Solo-)Selbstständige, Künstlerin oder Kreativer haben es da einfacher: Sie sind schon Ihre Marke. Sie müssen es nur noch schaffen, diese glaubwürdig nach außen zu kommunizieren.

Welches Image wollen Sie sich zum Beispiel geben? Wollen Sie besonders „cool" sein und arbeiten deshalb im erwähnten Szene-Treff? Oder wollen Sie damit werben, dass Sie mit „ökologisch unbedenklichen Fingerfarben" malen und Mütter Ihnen und Ihrer Malstube deshalb ruhig ihre lieben Kleinen anvertrauen können?

Beides sollte sich aus Ihrem Wesen und Ihren Eigenschaften ergeben. Und wenn Sie es schaffen, diese ganzen Punkte ineinandergreifen und verschmelzen zu lassen, wenn Sie etwas kreieren, was von außen als rundes Bild wahrgenommen wird, dann haben Sie auch Ihre Marke. Oder nein, halt, Sie sind Ihre Marke. :-)

Checkliste: Den USP für meine Person herausarbeiten

(USP = Unique Selling Point oder Unique Selling Proposition = Alleinstellungsmerkmal)

Wenn Sie selbstständig sind, sollten Sie eines haben, wenn Sie kreativ tätig sind, kann es sinnvoll und hilfreich sein: Ihr **eigenes, individuelles Profil.**

Das heißt, Sie sollten zunächst einmal wissen, in welcher Branche, Sparte oder Ähnlichem Sie tätig sein wollen, welche Zielgruppe Sie haben wollen, welchen Nutzen Sie ihnen bringen können und was Sie ihnen dazu anbieten wollen. Egal, ob das jetzt Dienstleistungen, Produkte oder Ihre eigene Stimme als Autor ist.

(Beim Schriftsteller könnte die Sparte dem Genre und der Textform entsprechen, die Zielgruppe der Leserschar, der Nutzen könnte zum Beispiel mehr Menschenkenntnis und ein Einblick in die Seele des Menschen sein, das Angebot dazu ein psychologischer Thriller. Weitere Feinheiten wie der Schreibstil runden das Ganze ab. Als Künstlerin oder Kreativer werden Sie irgendwo zwischen einem Schriftsteller und einem (Solo-)Selbstständigen liegen.)

Dies ist ein erster, wichtiger Schritt.

Doch das Tüpfelchen auf dem I für Ihr Profil ist Ihre **berühmt-berüchtigte Einzigartigkeit.** (Auch USP = Unique Selling Point oder Unique Selling Proposition = Alleinstellungsmerkmal genannt.)

Diese Einzigartigkeit kann sich bereits aus der Kombination von Zielgruppe, Geschäftsidee und Ähnlichem ergeben. Sie kann ein besonderer „Dreh" bei Ihren Angeboten oder Ihrem Unternehmen sein. (Mehr dazu lesen Sie in der Checkliste „Möglichkeiten für USP".) Doch bei vielen Künstlern, Kreativen, (Solo-)Selbstständigen ist es ihre Person und Persönlichkeit, über die sie sich von ihren Mitbewerbern unterscheiden.

Die folgenden Fragen sollen Ihnen helfen, dieser **„Einzigartigkeit" Ihrer Person** auf die Spur zu kommen. Sehen Sie sich dazu auch gern die Übungen und Ihre Ergebnisse aus dem Kurs an. Beides ergänzt sich und liefert Ihnen Hinweise, um sich klarer zu sehen.

Meine Fähigkeiten und Erfahrungen

Machen Sie Bestandsaufnahme. Gehen Sie die folgenden Fragen durch und finden Sie heraus, was Sie besonders gut können und wo Sie zusätzliche Fähigkeiten haben, die über den „Durchschnitt" hinausgehen bzw. sich vom durchschnittlichen Angebot unterscheiden.

- „Welche Aus- oder Weiterbildungen habe ich gemacht?"
- „Welche besonderen praktischen Erfahrungen kann ich vorweisen?"
- „Was habe ich fachlich drauf? Welche Kenntnisse und Erfahrungen habe ich?"
- „Über welches spezielle Methoden-Know-how verfüge ich vielleicht?"
- „Welche besonderen persönlichen Fähigkeiten bringe ich mit?"

- „Was kann ich besonders gut? Wozu kenne ich mich richtig gut aus?"
- „Welche Beziehungen oder anderen „Ressourcen" bringe ich mit?"
- „Was unterscheidet mich vielleicht von meinen Mitbewerbern?"
- „Was macht mich als Leistungsanbieter speziell aus?"

(Diese Fragen gelten abgewandelt auch für ein Unternehmen.)

→ Das heißt, welche Fähigkeiten könnten Sie einem „Durchschnitts-Mitbewerber" voraushaben? Was könnte Sie gegenüber so einer „Blaupause" auszeichnen?

Tipp 1: Manchmal sind wir buchstäblich blind gegenüber unseren Fähigkeiten. Wir halten sie für normal, während andere uns gerade dafür bewundern, respektieren, achten. Vergleichen Sie sich in einem solchen Fall ruhig mit anderen. Haben Sie schon einmal gedacht: Das kann ich auch? Oder sogar: Das kann ich besser? Dann könnte das „Ihr Ding" sein. :-)

Tipp 2: Bitten Sie andere um deren möglichst ehrliche Meinung. Sie müssen diese Meinung nicht 1:1 übernehmen, auch die Sicht der anderen ist begrenzt. Doch sie liefert Ihnen weitere wertvolle Hinweise.

Meine Vorlieben und Interessen

Auch Ihre Leidenschaft kann Sie einzigartig werden lassen. Oft sogar in höherem Ausmaß als Ihre Fähigkeiten. Sie werden das, wofür Sie brennen, besonders engagiert verfolgen und Ihre Kunden werden Ihnen diese Leidenschaft anmerken. Überlegen Sie deshalb einmal:

- „Welche Dinge oder Themen liegen mir am Herzen?"
- „Welche Hobbys oder besonderen Interessen habe ich?"
- „Welche Tätigkeiten machen mir am meisten Spaß?"
- „Wofür ‚brenne' ich? Was begeistert mich?"

Meine Einstellungen und Werte

Auch Ihre Werte und Überzeugungen können Sie motivieren, Überdurchschnittliches zu leisten. Oder sie machen Sie für eine besondere, „einzigartige" Zielgruppe interessant beziehungsweise bereichern Ihr Angebot um eine entsprechende Komponente.

Beispiel: Sie sind Vegetarier oder Veganerin und Anhänger der Öko-Bewegung. Das wird alles an Ihnen prägen, vom Auftreten bis zum Lebensstil, und es wird Sie vor vergleichbaren Anbietern „auszeichnen". So haben Sie gute Karten, genau den Typ Kunde anzuziehen, dem so etwas wichtig ist.

Fragen Sie sich also etwa:

- „Was ist mir wichtig? Wofür stehe ich? Womit möchte ich verbunden werden?"
- „Welche Einstellungen, Überzeugungen und Werte bestimmen mein Wesen?"
- „Welches Image will ich mir geben und wie will ich nach außen wirken?"

Meine Persönlichkeit

Das Folgende deckt sich teilweise mit den vorher genannten Punkten, doch jetzt wechseln Sie die Perspektive. Versetzen Sie sich in Ihre Kunden und überlegen Sie:

- „Welche Eigenschaften könnte man besonders an mir schätzen?"
- „Was an mir würden meine Kunden vielleicht in einer Rückmeldung loben?"
- „Welche Charakterzüge könnten für das, was ich tue, besonders wichtig sein?"

Die letzten Punkte zu Einstellungen, Werten und Persönlichkeit gelten übrigens auch wieder für ein Unternehmen. Wandeln Sie einfach um in Philosophie, Vision oder „Seele" Ihres Unternehmens.

Checkliste: Mit meiner Persönlichkeit Vertrauen gewinnen

Ob Sie nun ein Produkt verkaufen oder eine Dienstleistung „an den Mann" (oder die Frau) bringen wollen, Ihre zukünftigen Kunden müssen Ihnen zunächst einmal vertrauen.

Manche tun das vielleicht, weil Freunde Sie empfohlen haben. (Das Vertrauen ist dann in erster Linie den Freunden geschuldet.) Manche setzen vielleicht auch auf Ihren Namen oder Ihren Ruf.

Anderen sind Sie weniger bekannt. Und bei diesen müssen Ihre Homepage, Ihr Flyer, Ihre Broschüre, kurz Ihr Auftritt nach außen um Vertrauen für Sie werben.

Nun vertrauen wir besonders leicht bei Menschen oder Unternehmen, die mit uns auf einer Wellenlänge zu liegen scheinen, die zu uns und unserem eigenen Wesen zu passen scheinen. Zeigen Sie deshalb über den eigentlichen Inhalt hinaus so viel Persönlichkeit wie möglich. Nur so kann man sich ein Bild von Ihnen machen und Sie als Person oder Anbieter besser einschätzen.

Nebenbei: Wenn ich hier vom Kunden rede, ist damit natürlich in erster Linie der Interessent gemeint. Zu einem Kunden soll er oder sie ja noch werden. :-) Ich gebrauche das verkürzt.

So, nun zu den Möglichkeiten, mit denen Sie über Ihre Persönlichkeit um Vertrauen für sich werben können.

☑ **Der Eindruck von außen**

Man mag es bedauern, doch der äußere Eindruck entscheidet mit, ob man mit Ihnen „kann" oder nicht kann. Wir fühlen uns nun einmal zu Schönem, vor allem aber zu Ähnlichem hingezogen.

Das bedeutet zum einen: Achten Sie auf Sorgfalt, eine mehr oder weniger korrekte Rechtschreibung, eine „gefällige" Optik und so weiter.

Und das bedeutet zum anderen: Wählen Sie eine äußere Aufmachung, die Ihrem Stil und Ihrer Art entspricht. Selbst wenn Sie sich bei bestimmten Branchen oder Zielgruppen an gewisse Konventionen halten müssen.

Denn wer die Verpackung gut findet, wird wahrscheinlich auch besser mit dem Inhalt, also mit Ihnen und Ihren Angeboten zurechtkommen. Es ist Ihre eigene „Handschrift", die dem anderen signalisiert „jawohl, hier tickt jemand ähnlich wie ich".

☐ Die Sprache und der Ton

Gute Texte sind ein Pluspunkt und Türöffner für Sie, ja. Und viele, denen das Schreiben schwerfällt, überlassen das deshalb professionellen Werbetextern. Damit geht allerdings oft wieder die eigene Handschrift verloren, die viel über Sie und Ihre Persönlichkeit verrät.

Das bedeutet: Üben Sie sich ruhig im Schreiben. Zum Beispiel mit den Übungen in diesem Kurs. Je besser der Text ist, desto besser ist das auch für Sie.

Doch ahmen Sie am besten niemanden nach, imitieren Sie nicht oder schreiben gar ab. Bremsen Sie sich auch nicht mit Gedanken aus wie, dass das jetzt hochseriös werden muss. :-) Das führt oft nur dazu, dass Ihre Texte trocken, nichtssagend und fad sind. Versuchen Sie, eine eigene Note zu entwickeln.

Schreiben Sie Ihre Texte nicht selbst, sondern lassen Sie sie schreiben? Dann versuchen Sie, einen Ghostwriter oder Texter zu erwischen, der Ihren Stil und Ihre Handschrift wiedergeben kann.

☐ Die eigene Person

Ganz wichtig: Der Kunde möchte wissen, wer Sie eigentlich sind. Sparen Sie also nicht mit Details zu Ihnen selbst, Ihrer Biografie oder Ihren Kompetenzen.

Doch schneiden Sie gern alles auf Ihr Angebot oder Ihr Produkt zu. Der Kunde möchte nicht Ihre halbe Lebensgeschichte hören. :) Er möchte wissen, warum Sie und genau Sie der oder die Geeignete für sein Anliegen sind. Nicht mehr und nicht weniger. Auch dazu haben wir Übungen in diesem Kurs.

Fallen Ihnen weitere Dinge ein, um die Menschen von Ihrer Person und Ihrer Expertise zu überzeugen? Vielleicht Arbeitsproben, Auszeichnungen, eine Verbandszugehörigkeit? Wunderbar, dann her damit.

☐ Bildmaterial, Audio, Video

Das hatte ich oben schon erwähnt: Auch unser Äußeres bestimmt, ob wir uns bei jemandem wohlfühlen oder nicht. Gleich und gleich gesellt sich eben gern.

Das ist wieder ein Punkt für Sie und Ihre Persönlichkeit: In der Regel brauchen Sie sich gar nicht erst die Mühe zu machen, jemanden anzuziehen, der mit Ihnen nicht konform geht. Stattdessen können Sie sich gern so zeigen, wie Sie sind. Sicher darf es ein bisschen nett verpackt sein, doch nicht verkleidet.

Je nachdem, was Sie anbieten, sind auch Produktfotos, wieder die Arbeitsproben, Ton-Aufnahmen oder Ähnliches sinnvoll. Je mehr sich der Kunde unter dem, wer Sie sind und was Sie anbieten, vorstellen kann, desto besser.

☐ Als Mensch greifbar werden

Wie gesagt: Gerade bei Dienstleistern, Künstlern, Kreativen und dergleichen entscheidet oft die Person, ob wir ihm oder ihr einen Auftrag geben, seine oder ihre Bücher lesen. Wenn wir das Gefühl haben „er oder sie passt zu mir", hat derjenige einfach bessere Karten.

Lassen Sie die Menschen deshalb Anteil nehmen. Zeigen Sie sich selbst als Mensch. Machen Sie sich „be-greifbar" und geben Sie anderen die Möglichkeit, Sie besser einschätzen zu können.

Können Sie sich in Ihren Texten als Person einbringen? Können Sie private „Dönekes" (Anekdoten) erzählen, vielleicht ein Werkstagebuch über Ihre Werke und Produkte führen?

Überlegen Sie selbst, welche Möglichkeiten Ihnen noch einfallen.

Die Stimmen anderer einfließen lassen

Wenn Sie als Person glaubwürdig herüberkommen, reicht das oft schon, um Vertrauen aufzubauen. Alles weitere wird nur das Tüpfelchen auf dem I sein.

Ein solches Tüpfelchen sind zum Beispiel Kundenstimmen und Referenzen. Auch Presseberichte, Rezensionen und Ähnliches gehören dazu. Alles, was Sie selbst und Ihre Werke wieder möglichst greifbar werden lässt.

Es ist auch nicht notwendig, dass man Sie bei solchen Äußerungen Dritter nur über den grünen Klee lobt. Das lässt Ihre Leser im Gegenteil sogar an der Glaubwürdigkeit dieser Zeugnisse zweifeln. Achten Sie nur darauf, womit Sie sich vielleicht ins eigene Fleisch schneiden, weil es potenzielle Kunden abschrecken könnte.

Mehr als nur ein Tüpfelchen auf dem I sind Kundenstimmen übrigens immer dann, wenn man sich unter Ihren Angeboten relativ wenig vorstellen kann. Kundenstimmen, die gleichzeitig Ablauf und Wirkung eines solchen Angebots beschreiben, sind in dem Fall Gold wert.

Offen, ehrlich und authentisch

Im Grunde klang das die ganze Zeit schon an: Seien Sie authentisch, seien Sie sie selbst, legen Sie sich kein falsches Image zu, übertreiben Sie nicht, ahmen Sie nicht nach und imitieren Sie andere nicht. Jedenfalls so gut Sie können.

Es liegt schon in Ihrem eigenen Interesse, sich von anderen durch Ihre Art und Ihren Stil abzuheben und mit diesem Stil auch greifbar zu werden.

Checkliste: 8 Tipps, wie Sie verkaufsstärker schreiben

Hinweis: Ich erwähne hier die Kunden, obwohl es sich strenggenommen natürlich um Leser und Interessenten handelt. (Zumindest im Erstkontakt.) Ich gebrauche es verkürzt.

☑ **Schreiben Sie persönlich**

Schreiben Sie eher nicht „wir", wenn es sich bei Ihnen um einen Einzeltäter handelt. Und schreiben Sie nicht unpersönlich „man", wenn Sie als Person und Anbieter greifbar werden wollen. Vor allem aber: Sprechen Sie Ihre Kunden direkt an und holen Sie sie persönlich ab. Stellen Sie ein Band zwischen Ihnen und dem Kunden oder der Kundin her.

☐ **Vorsicht vor „Marketing-Slang"**

Wir werden heute von Werbung überschüttet. Viele von uns sind sie und ihre vollmundigen Versprechen oft von Herzen leid und nehmen sie nur noch als „weißes Rauschen" wahr.

Dass der Kunde König sein soll, ist oft kaum zu erfüllen, doch ein möglichst guter Service sollte sich eigentlich von selbst verstehen. Auch auf wenig aussagekräftige Slogans wie „Träume werden mit uns wahr" reagieren viele Menschen allergisch. Und sprachliche Manipulationen wie „weil Sie es sich wert sind" werden, so sie erkannt werden, oft zu Recht abgestraft.

☐ **Stellen Sie den Nutzen für den Kunden heraus**

Schwärmen Sie auch eher nicht davon, was Sie alles können und wie toll Ihre Produkte sind. :-) Menschen interessieren sich in erster Linie dafür, was sie selbst davon haben. Sagen Sie das Ihren Kunden. Machen Sie ihnen klar, welchen Nutzen und welchen Vorteil diese von Ihren Leistungen haben.

☐ **Zeigen, nicht beschreiben (show, don't tell)**

Sagen Sie Ihrem Kunden auch eher nicht, was er denken soll. Malen Sie lieber mit Worten ein „Bild", das er oder sie selbst „sehen" kann. Versuchen Sie, ihn oder sie mit Details und Argumenten zu überzeugen. Ein Beispiel: Behaupten Sie nicht, dass Träume mit Ihnen wahr werden. Zeigen Sie, wie Sie das konkret machen wollen und wie das aussehen wird. So wird Ihr Text glaubwürdiger.

☐ **Gebrauchen Sie Metaphern**

Sprachbilder (Metaphern) können einen Text anschaulicher, verständlicher, bildhafter, farbiger, emotionaler machen. Sprachbilder sind eine Brücke zur Vorstellungswelt Ihrer Kunden.

Wenn eine Schokolade „hauchzart" ist, ist das eine Metapher, zusammengesetzt aus „Hauch" und „zart". Das Bild, das dahintersteckt: Etwas ist so fein und empfindlich, dass es der leiseste Hauch davontragen kann.

☐ **Werden Sie konkret**

Bevor jemand zu Ihrem Kunden wird, will er möglichst viele Fragen beantwortet haben: Wer ist das? Was hat der drauf? Was bekomme ich geboten? Was kostet mich das? Wie läuft das genau ab?

Nehmen Sie diese Fragen in Gedanken vorweg und schreiben Sie so konkret wie möglich. Leser, die sich mit einer Frage an Sie wenden, weil ihnen etwas nicht klar ist, sind nur die Spitze des Eisbergs derer, die das nicht tun und die Sie verloren haben.

☐ **Produzieren Sie keine Fragezeichen**

Vorsicht: Meiden Sie auch besser gewollt „hippe" Texte, Anspielungen, die man vielleicht nur schwer versteht, oder andere Dinge, die zu viele Fragezeichen produzieren können.

Ein Beispiel: Seminare in Lebensgestaltung mit der „Aktualisierung des eigenen Selbst" zu bewerben, ist zwar kreativ. Allerdings habe ich mindestens drei Anläufe gebraucht, um zu verstehen, worum es geht. So viel Zeit werden Ihnen viele Leser nicht geben.

☐ **Schreiben Sie attraktiv und verständlich**

Versuchen Sie, so verständlich wie möglich zu schreiben. Texte, die Ihr Kunde nicht versteht, sind Angebote, die er nicht in Anspruch nimmt.

- Schreiben Sie einfach, meiden Sie Schachtelsätze, Fremdwörter oder zu gehobene Sprache. (Es sei denn, letztere passt zu Ihrer Zielgruppe.)

- Schreiben Sie einladend und aktiv, meiden Sie, wo es geht, abstrakte Passiv-Konstruktionen.

- Greifen Sie möglichst oft zu Verben. Diese sind aktiver als daraus abgeleitete Hauptwörter. (Substantivierungen, Beispiel: „Steuern Sie Ihr Ziel so genau wie möglich an" statt „in der Zielansteuerung sollten Sie möglichst genau vorgehen".)

- Schreiben Sie bildhaft und emotional, gebrauchen Sie eine Sprache, die „die Herzen Ihrer Leser berührt". :-)

Anhang: Mehr Infos zu den erwähnten Schreibtechniken

1. Storytelling im Marketing: Mit Geschichten werben

Produkte sind austauschbar geworden und Konsumenten kritisch. Weder Behauptungen noch reine Fakten reichen im Marketing oft noch aus. Doch ein authentisches Image, den Leser fesselnde Geschichten und einprägsame Informationen können weiterhelfen. Mit dem sogenannten Storytelling können Sie Aufmerksamkeit wecken, (be-)greifbar werden und von sich überzeugen.

Werbung ist heutzutage keine einfache Sache mehr. Dienstleistungen und Produkte sind oft austauschbar, Konsumenten oft werbekritisch geworden. Wenn nicht gleich angesichts der üblichen Phrasen das große Gähnen einsetzt. :-)

So Sie also nicht die Erfindung des Jahres machen oder die finanziellen Mittel für eine „Dauerberieselung" haben, müssen Sie es auf andere Art schaffen, die Aufmerksamkeit potenzieller Kunden zu erregen, sich von der Gleichförmigkeit abzuheben und unverwechselbar zu werden.

Storytelling kann hierfür eine gute Methode sein.

Warum?

Warum Storytelling?

Nehmen wir ein Beispiel:

Stellen Sie sich vor, Sie sind bei einem Vortrag und der Redner liest monoton vom Blatt ab, sieht nicht ein einziges Mal ins Publikum, traktiert Sie mit Behördendeutsch und erzählt Ihnen obendrein vielleicht noch das Gleiche wie sein Vorgänger – wie viel Spaß macht Ihnen dann die Sache? Schaffen Sie es, mühelos am Ball zu bleiben, oder finden Sie sich nach einer Viertelstunde in Morpheus' Armen wieder? :-)

Wenn Sie aber einem Vortrag lauschen … und der Redner spricht mit Pathos und Begeisterung, bezieht Sie in seine Darbietung mit ein, schlägt Ihre Fantasie in Bann und bereichert selbst einen schon einmal gehörten Text um immer neue Details – wie viel Spaß macht Ihnen die Sache dann?

Was für Vorträge gilt, gilt auch für Ihre Werbung.

Je überraschender und einzigartiger Ihre Werbung ist, desto größer ist ihre Chance, wahrgenommen zu werden. Je verständlicher und eingängiger sie verpackt ist, desto größer ist ihre Chance, aufgenommen zu werden. Je sinn-hafter (bewusst so geschrieben), das heißt, die Sinne ansprechender sie erzählt ist, desto größer ist ihre Chance, behalten zu werden.

Geschichten können diese Bedingungen erfüllen.

- Sie erregen unsere Neugier und Anteilnahme,
- lassen sich durch Bilder und Motive leichter nachvollziehen,
- sind erheblich einfacher zu merken als nüchterne Fakten,
- berühren unser Herz und fesseln unseren Geist.

Geschichten entwickeln

Werden Sie zum Erzähler. Behaupten Sie nicht, dass Sie der oder die Beste in einer Sache sind, sondern „zeigen" Sie es. Umso eher werden die Leute Ihnen glauben, denn sie haben es „gesehen". Stehen Sie nicht für einzelne Produkte, sondern für Marken und Geschichten. Umso leichter werden die Leute Ihnen vertrauen, denn sie haben Sie (wieder-)erkannt und be-griffen. (Wieder absichtlich so geschrieben.)

Gehen Sie auf die Jagd und sammeln Sie Geschichten. Hören Sie sich in Ihrem Unternehmen um und führen Sie Buch. Was können Sie für Geschichten über sich erzählen? Was haben Sie und Ihr Unternehmen erlebt? Wie sehen Ihre Mitarbeiter Sie? Was sagen Ihre Kunden?

Analysieren Sie auch Ihre Märkte und Zielgruppen. Wen wollen Sie ansprechen und wofür gewinnen? Welche Argumente könnten ziehen? In welche Themen ließen sie sich ver-packen?

Geschichten schreiben

Schreiben Sie wirkungsvolle Geschichten. Wirkungsvoll – das heißt, Geschichten, mit denen Sie sich in die Perspektive von Lesern und Kunden versetzen und deren Fragen beant-worten. So werden diese das, was Sie ihnen sagen und mitgeben wollen, auch leichter annehmen.

Dazu können Sie sich zum Beispiel an folgenden Punkten orientieren:

Machen Sie neugierig.

Verwenden Sie Überschriften, die den Nutzen Ihrer Produkte beschreiben und das Interesse potenzieller Kunden anziehen. Wen Sie hier nicht bekommen, haben Sie oft verloren.

Holen Sie die Leute bei ihren Problemen ab.

Zeigen Sie die Probleme auf, die Ihre Kunden haben könnten, und holen Sie sie da ab, wo sie stehen. Wen Sie in Ihre Geschichte hineinziehen können, haben Sie zumindest für kurze Zeit berührt.

Sagen Sie ihnen, was Sie für sie tun können.

Nennen Sie die Vorteile, die Ihre Kunden von Ihnen haben könnten, und versuchen Sie, sie für sich zu gewinnen. Wen Sie hier fesseln können, haben Sie aufmerken und achtsam werden lassen.

Machen Sie sich (be-)greifbar.

Listen Sie Informationen, Kompetenzen, Erfahrungsberichte und Hintergrundgeschichten auf, werden Sie nachvollziehbar und transparent. Wen Sie hier überzeugen können, haben Sie schon halb gewonnen.

Und zwar nicht mehr eigentlicher Teil einer Geschichte, aber logische Konsequenz:

Fordern Sie zur Handlung auf.

Bieten Sie den Leuten eine Möglichkeit, in Aktion zu treten: Informationsmaterial anzu-fordern, Gratisprodukte mitzunehmen, Kontakt aufzunehmen, Ihre Dienstleistungen zu ordern und Ähnliches mehr.

Übrigens, falls Sie meinen, dass das jetzt eher wie ein Howto für eine Produktbeschreibung als für eine Geschichte aussieht – stimmt. :-)

Viele gute Produktbeschreibungen sind kleine, in sich abgeschlossene Geschichten. Geschichten mit einem klaren Ziel, Geschichten, um zu werben. Ob es um ein tatsächliches Produkt beziehungsweise eine Dienstleistung geht oder um eine Unternehmensbroschüre, ein Interview oder einen Fachartikel.

Geschichten publizieren

- In diesem Sinne können Sie Ihre Geschichten ebenso gut als Produktflyer wie auch als Gastbeitrag in einem Fachmagazin unter die Leute bringen.

- Sie können Ihr Firmenjubiläum mit einer Festschrift feiern, eine Website betreiben oder ein Weblog führen.

- Sie können kleine „Give-aways" (Mitnahmeartikel) entwickeln oder Computerspiele wie das „Moorhuhn" von Johnny Walker verteilen, mit dem sich Millionen PC-Nutzer die Arbeit (ts ts …) versüßt haben. (Ich gebe zu, ich war dabei. :-))

Ihrer Fantasie und Kreativität sind da keine Grenzen gesetzt, das Prinzip bleibt aber oft das gleiche.

Merkmale erfolgreicher Geschichten

Dazu gehört das Prinzip vom „neugierig machen" bis zum „begreifbar werden". Aber auch folgende Merkmale, die erfolgreichen Geschichten gemeinsam sind:

- Sie sind nicht alltäglich, sondern in irgendeiner Weise besonders.

- Sie bieten einen konkreten Nutzen, sei es, dass sie Informationen und Know-how vermitteln oder Spaß machen und Unterhaltung liefern.

- Sie erzählen etwas über Sie und Ihr Unternehmen, lassen es menschlich und persönlich werden. Führen Sie den Handwerksbetrieb Ihrer Familie in dritter Generation weiter und haben Sie ihn soeben nach alten Zeichnungen liebevoll restaurieren lassen? Dann erzählen Sie das. Ihre Leser erfahren dadurch nicht nur, dass Sie eine Tradition fortsetzen, auf die man bauen kann, sondern auch, dass Sie diese Tradition wertschätzen und sich ihr und ihren Maßstäben verpflichtet fühlen.

- Sie passen zu Ihnen und Ihren Produkten, bilden den Rahmen, mit dem Sie Ihre Marke stärken. Mit Geschichten ein bestimmtes Image zu transportieren und Ihre Identität zu vermitteln, ist ganz große Kunst.

Wenn Ihre Geschichten dann noch ansprechend geschrieben und mitreißend erzählt sind, die Bedürfnisse von Lesern erfüllen oder den Spieltrieb herausfordern – kurz, wenn Ihre Geschichten gekonnt umgesetzt sind, sodass sie gern angenommen werden, können Sie auch mit ihnen werben. Eben das Herz berühren und den Verstand überzeugen. :-)

© Erstveröffentlichung Heike Thormann 2007,
letzte Überarbeitung 2024

2. Zeigen, nicht sagen: Wie Sie Ihre Leser leichter überzeugen

Plakative Behauptungen begegnen einem an vielen Ecken und Enden. Man ist in A unschlagbar oder die Kunden werden B lieben. Nur: Behaupten kann man viel. Doch den Leser davon zu überzeugen, steht auf einem anderen Blatt. Dabei hilft Ihnen ein Schriftstellertrick.

Behaupten Sie nicht, überzeugen Sie

Ich kann Ihnen keine Zahlen nennen, aber ich bin mir sicher, dass viele Texte immer noch dem Schema folgen: „Unsere Küche bietet Ihnen echte Gaumenfreuden." Oder: „Im Service sind wir unschlagbar." Oder: „Ihre Kunden werden Ihre Website lieben."

Doch mal unter uns :-): Können Sie „echte Gaumenfreuden" sehen? Würden Sie jemandem blind glauben, der von sich behauptet, „unschlagbar" zu sein? Ist Ihnen klar, warum Ihre Kunden Ihre Website lieben werden?

Alle diese Texte haben ein Problem: Sie überzeugen nicht, sie behaupten. Wenn Sie Glück haben, werden Ihre Leser Ihnen trotzdem vertrauen. Aber darauf verlassen würde ich mich nicht. Viele von uns haben gern handfesteres Material in der Hand, um ihre (Kauf-)Entscheidung darauf zu bauen.

Finden Sie Bilder, die Ihre Behauptung stützen

Aber es gibt einen einfachen Schriftstellertrick, um Ihre Leser doch noch zu überzeugen: Sagen Sie ihnen nicht, was sie glauben sollen. Zeigen Sie ihnen ein Bild, das sie selbst sehen und beurteilen können.

Mit einem Bild können Sie:

- **Mitreißend schreiben und dem Leser ein Erlebnis bieten:** Sagen Sie nicht, dass Ihre Küche Gaumenfreuden bietet. Zeigen Sie dem Leser, was er alles verpasst, wenn er sich nicht durch Ihre kulinarischen Köstlichkeiten arbeitet. :-)

- **Emotionen wecken und bestimmte Reaktionen auslösen:** Behaupten Sie nicht, dass Ihr Service 1a ist. Malen Sie den drohenden Technikausfall aus und beruhigen Sie den Leser damit, was Sie dann alles für ihn tun werden.

- **Das Verständnis erleichtern und Vertrauen herstellen:** Speisen Sie Ihren Kunden nicht damit ab, dass seine Leser seine Website lieben werden. Erklären Sie ihm genau, in welchen Situationen und mit welchen Funktionen diese ihre helle Freude an der neuen Website haben werden.

Lassen Sie den Leser von selbst Ihrer Behauptung zustimmen

Alles, was Sie dazu tun müssen, ist, ein Bild oder Beispiel zu finden, das Ihre Behauptungen untermauert.

Bei den „kulinarischen Köstlichkeiten" könnte das also beispielsweise das Bild eines mit Platten und Tellern überladenen Tisches sein, auf dem sich fangfrischer Tintenfisch neben allein fünf Sorten von Pudding tummelt.

Bei der Servicefrage könnten Sie schildern, wie und womit Sie abstürzenden Rechnern, Serverausfällen oder unbedarften Anwendern zu Hilfe eilen werden. :-) Wenn ein Leser weiß, dass Sie seinen Notfällen mit einer kostenlosen 24-Stunden-Hotline, einem flächendeckenden Supportnetz oder gar dem direkten Draht zur Geschäftsleitung zu Leibe rücken werden, wird er Ihnen den „unschlagbaren Service" erheblich eher abkaufen.

Sagen Sie dem Leser also nicht, was er denken soll. Versuchen Sie lieber, etwas so zu zeigen, dass er von selbst zu diesem Schluss kommt.

Dabei hilft es Ihnen, wenn Sie

- konkret schreiben,
- viele Details gebrauchen
- und sorgfältig beobachten.

Schreiben Sie konkret

Achten Sie darauf, dass der Leser Ihre Bilder und Beispiele „sehen" kann. Schreiben Sie konkret. Unter abstrakten „Köstlichkeiten" kann man sich meist nicht viel vorstellen. Tintenfische oder Puddingschüsseln zaubern dagegen ein passendes Bild vor Augen. Ein „Notdienst" kann alles Mögliche sein. Aber erst die Hotline oder die mobile Einsatztruppe vor Ort sagen dem Leser, was wirklich gemeint ist.

Gebrauchen Sie Details

Suchen Sie nach solchen Zutaten für Ihr Bild. Warum wird Ihre Benutzerführung die Besucher einer Website begeistern? Weil man nie mehr als drei Klicks in die Tiefe gehen muss? Weil alles barrierefrei gehalten und leichter zu lesen ist? Weil die Seiten eine optische Offenbarung und einfach nur „abgefahren" sind? :-)

Bringen Sie möglichst viele aussagekräftige Details. Je mehr charakteristische Einzelheiten Ihnen einfallen, desto klarer wird das Bild und desto besser kann der Leser etwas selbst sehen und verstehen.

Beobachten Sie sorgfältig

Und woher nehmen Sie jetzt diese Details? Ganz einfach: Halten Sie die Augen offen und Ihre Beobachtungen anschließend irgendwo fest.

Wenn wir einmal bei den Gaumenfreuden und Köstlichkeiten bleiben, könnten Sie ein entsprechendes Mahl zubereiten und dann gewissenhaft mit Stift und Papier den Tisch hinunterwandern, um seine Bestandteile festzuhalten.

Beim Service könnten Sie einzeln oder zusammen mit Mitarbeitern und Kollegen sammeln, welche Leistungen Sie Ihren Kunden anbieten wollen, wie deren Merkmale ganz genau aussehen und worin Sie sich vielleicht von Ihren Mitbewerbern unterscheiden.

Extra-Tipp: Holen Sie zusätzlich Feedback von Ihren Kunden ein. Niemand dürfte besser als diese wissen, warum Ihr Service nun gut ankommt oder nicht.

Ähnlich bei der schwer beliebten Website. Sicher werden Designer und Programmierer sich etwas dabei gedacht haben, warum die Seite bei Kunden Begeisterungsstürme auslösen kann oder soll. Entsprechende Features dürften schnell genannt sein.

Interessant könnte aber auch wieder der Praxistest sein. Setzen Sie Betatester, Mitarbeiter oder Kollegen ein. Machen Sie Umfragen, werten Sie Feedback oder Klickstatistiken aus. Der unbestechliche Blick der ersten Anwender dürfte Ihnen genug Material und Einzelheiten liefern, um anschließend mit einem passenden Text zu überzeugen.

Entscheiden Sie zum Schluss noch, welche Einzelheiten Sie wie aufnehmen und verwerten wollen, und Sie sind bestens gerüstet, um den Leser nie mehr mit plakativen Behauptungen zu langweilen wie: „Im Service sind wir unschlagbar." :-)

3. Mit Metaphern werben

Leser schenken Ihren Texten heute oft nur wenige Sekunden. Wenn sie keinen attraktiven, leicht verständlichen Text vorfinden, ziehen sie weiter. Das sind keine guten Karten, wenn Sie mit Ihren Texten auch werben und einen Kaufwunsch auslösen wollen. Metaphern können weiterhelfen. Denn mit Metaphern können Sie Unbekanntes erklären, Emotionen wecken und damit Zeit gewinnen, Ihre Angebote zu präsentieren.

Vertrauen schaffen und Leser binden

Wenn Sie ein Produkt oder eine Dienstleistung bewerben, dann verfolgen Sie mehrere Ziele: Sie wollen Interesse wecken, von Ihrem Angebot überzeugen und einen Kaufwunsch auslösen. Texte können Ihnen helfen, diese Ziele zu erreichen. … Wenn Sie es schaffen, die Aufmerksamkeit Ihrer Leser länger als die üblichen paar Sekunden zu binden.

Ein gutes Mittel dazu ist die Metapher. Denn dank Metaphern müssen Sie Ihrem potenziellen Kunden nicht lang und breit etwas erklären und dadurch Gefahr laufen, ihn zu verlieren. Stattdessen können Sie vorhandene Bilder und Erfahrungen anzapfen. Das schafft Vertrauen und verbindet. Damit gewinnen Sie Zeit, Ihre Angebote besser zu präsentieren.

Mit Sprache malen und Emotionen wecken

Eine Metapher ist ein Sprachbild. Ein Begriff oder auch ein Ausdruck, der durch die Verbindung von zwei anderen Worten entstanden ist. In diesem neuen Begriff verschmelzen die Inhalte der Ausgangsworte und erzeugen so oft ein besonders ausdrucksstarkes Bild.

Ein Beispiel:

„Bärenhunger" ist eine Metapher, entstanden aus Bär und Hunger. Und bei vielen dürfte dieses Wort das Bild von einem nach dem langen Winterschlaf hungrig durch die Lande ziehenden Bären hervorrufen. Oder auch von dem gewaltigen Appetit, mit dem Meister Petz Portionen vertilgt, die seiner Größe entsprechen.

„Hauchzart" ist ebenfalls eine Metapher, zusammengesetzt aus „Hauch" und „zart". Das Bild, das dahintersteckt: Etwas ist so fein und empfindlich, dass es der leiseste Hauch davontragen kann.

Unsere Sprache ist durchsetzt mit Metaphern. Viele sind so alltäglich geworden, dass wir sie gar nicht mehr als Metapher wahrnehmen. Dennoch: Schärfen Sie ruhig Ihren Blick und greifen Sie bewusst zu ihnen. Es gibt kaum eine bessere Möglichkeit, mit Sprache zu malen und Emotionen zu wecken.

Bilder sehen und verstehen

Der Hintergrund: Bilder und Emotionen gehen oft Hand in Hand, werden von ähnlichen Teilen unseres Gehirns gesteuert. Das Bild eines Bären, der gemütlich in seiner Höhle liegt, lässt uns ebenfalls unwillkürlich entspannter sitzen. Das farbenfrohe Bild einer Karibikinsel löst heitere Urlaubsstimmung und vielleicht den einen oder anderen Kaufrausch aus.

Das Bildhafte an Metaphern kann Ihnen aber auch helfen, Unbekanntes besser zu verstehen. Selbst wenn jemand zum Beispiel nicht weiß, wofür der Begriff „Datenautobahn" steht, ist das Bild sprechend genug, um ihm einen ersten Eindruck zu geben. (Daten flitzen offenbar irgendwo auf einer Autobahn hin und her.) Metaphern vergleichen und erklären, sie stellen Zusammenhänge her und erleichtern das Verständnis.

Texten und Argumenten folgen

Der Vorteil: Texte und Werbung werden für den Leser konkret und damit leichter fassbar. So dürfte das Bild einer Karibikinsel den meisten wohl aus Film und Fernsehen bekannt sein. „Hauchzarte" Plätzchen versprechen Leichtigkeit und unbeschwerten Essgenuss. Und die vertraute (Daten-)Autobahn kann auch dem unbedarftesten User die Angst vor der fremden Technik nehmen.

Wenn Sie mit Ihren Texten jetzt in diesem Sprachbild bleiben, können Sie ein ganzes Feuerwerk von begleitenden Eindrücken abschießen. Lassen Sie Ihre Leser hauchzarte Plätzchen essen und wie auf Wolken schweben oder himmlische Kostbarkeiten genießen. Lassen Sie sie in Windeseile E-Mails auf der Datenautobahn hin- und herjagen oder auch in einem Stau festsitzen.

Haben Ihre Leser ein solches Bild erst einmal angenommen, werden sie Ihren Texten und Argumenten umso leichter folgen.

Gezielt und richtig verwenden

Aber Vorsicht: Metaphern sind nicht ganz unproblematisch. Zum einen sind sie missverständlich und werden oft nur von jemandem mit ähnlichem kulturellem und sprachlichem Hintergrund verstanden. Ihnen mag zum Beispiel klar sein, dass mit dem „Wüstenschiff" ein Kamel gemeint ist. Jemand, der diesen Ausdruck noch nie gehört hat, kann damit Probleme haben. Sie mögen wissen, dass man am „Haupt der Tafel" sitzen kann. Jemand anders wird vielleicht wortwörtlich nach einem Kopf Ausschau halten.

Natürlich ist das jetzt kein Grund, auf Metaphern zu verzichten. Seien Sie sich nur der Tatsache bewusst, dass A zwar etwas schreiben, B aber noch lange nicht dasselbe verstehen muss. Achten Sie im Zweifelsfall darauf, dass der Zusammenhang einer Metapher aus der Textstelle hervorgeht.

Auch „tote" oder falsche Metaphern kommen nicht immer gut. Tote, das heißt abgenutzte Bilder wie die sprichwörtliche graue Maus können – zu oft gebraucht – nerven. Und falsch gebrauchte Bilder wie „der Fuß am Ruder" können unfreiwillig komisch klingen.

Versuchen Sie stattdessen, frische, nicht schon zum Klischee gewordene Metaphern zu finden, zumindest aber die Metaphern richtig zu verwenden.

Und nicht zuletzt ist weniger oft mehr. Zu viele Metaphern können Ihren Text „blumig" machen und den Leser von Ihren eigentlichen (werbenden) Absichten wegführen.

Setzen Sie Ihre Sprachbilder deshalb lieber sparsam und gezielt ein. Es spricht nichts dagegen, einen einmal gezogenen Vergleich wie die Datenautobahn den ganzen Text hindurch in immer neuen Facetten zu bedienen. So bleibt der Leser im vertrauten Bild und kann Ihren Argumenten doch gut folgen.

Metaphern sind eine feine, kleine Sache, **um in den Kopf Ihrer Leser einzutauchen und eine gemeinsame Sprache zu sprechen.** Nutzen Sie sie. Davon profitieren nicht nur Ihre Texte. Damit können Sie auch werben.

Bücher und Kurse von mir

Reihe A: Das Schreibhandwerk lernen
Bücher und Texte richtig gut schreiben

- Band 1: Schreiben wie ein Profi. Von der Pike auf schreiben lernen.
- Band 2: Kreativ schreiben lernen. Kreativ und spielerisch ins Schreiben kommen.
- Band 3: Die Bücherschmiede. Ein Sachbuch planen: von A wie Aufbau bis Z wie Zielgruppe.
- Band 4: Bücher und Texte konzipieren. Basiswissen für Aufbau und Struktur.
- Band 5: Selbstcoaching für Autoren. So machen Sie sich das Autorenleben leichter.
- Band 6: Der Traum vom Buch. Bücher schreiben, gestalten und veröffentlichen.
- Band 7: Der Erste-Hilfe-Koffer für Buchautoren. Welche Probleme du haben kannst, wenn du ein Buch schreiben möchtest, und wie du sie löst.

- Band 8: Lernpaket Schreib dein Sachbuch
- Band 9: Lernpaket Schreib dein Buch
- Band 13: Texte schreiben für Homepage, Flyer, Broschüre und Co. So präsentieren Sie sich, Ihre Angebote und Produkte.
- Band 14: So schreiben Sie im Beruf. Von Büro bis Marketing.
- Band 17: Leichter ins Schreiben kommen mit Free Writing

Noch nur als ältere PDF-Datei:

- Zur Sache, Schätzchen. Präzise schreiben.
- Mit Sprache spielen und Herzen berühren. Fesseln Sie Ihre Leser mit der Welt der Worte.

Reihe B: Den (Schreib-)Alltag bewältigen
Tipps und Tricks für Arbeit und Schreiben

- Band 1: So überleben Sie im Homeoffice. Selbstmanagement für Einzelkämpfer.
- Band 2: Motiviert ans Werk. Sieben Schritte für eine kreative Selbstmotivation.

Noch nur als ältere PDF-Datei:

- Kreatives Denken leicht gemacht. Trainieren Sie Ihre Kreativität für Erfolg in Business und Beruf.

- Ideen für Kunden und Konzepte finden. Systematisch von der Idee zur Umsetzung kommen.
- So meistern Sie die Infoflut. Infostress verringern, richtig recherchieren, schneller lesen.
- So trainieren Sie Ihre grauen Zellen. Wissen besser aufnehmen und behalten.
- Kreativ lernen. Mit Kreativität leichter, schneller und besser lernen.

Reihe C: Für das (Schreib-)Selbst sorgen
Mit Schreib- und Reflexionsübungen richtig gut zu sich sein

- Band 1: ‚Böse sein‘ für Anfänger. Selbstschädigende Muster überwinden und liebevoller für sich sorgen.

Noch nur als ältere PDF-Datei:

- Starke Frauen?! Kraft tanken und Stärke spüren.

- Erkenne dich selbst. Stärken sehen und Selbstbild verbessern.
- So finden Sie Ihre innere Ruhe. Stress abbauen, gelassener werden und souveräner handeln.

Reihe D: Für das Leben schreiben
Mit Schreib- und Reflexionsübungen sein Leben gestalten

- Band 1: Sprenge deine Ketten. Ins Handeln kommen und Träume leben.
- Band 2: Schreiben Sie die Geschichte Ihres Lebens. Finden Sie mit autobiografischem und kreativem Schreiben heraus, wer Sie sind und was Sie wollen.
- Band 3: Finde deinen Weg. Mit klaren Zielen in die Zukunft.

- Band 4: Lebe deinen Traum. Träume wahr werden sehen.
- Band 5: Auf dem Weg zu neuen Ufern. Veränderungen aktiv angehen.

Über mich

Ich bin Autorin, Lektorin und Buchproduzentin, war viele Jahre auch Trainerin und Coach.

Mehr als zehn Jahre lang habe ich eine Ratgeber-Webseite mit vielen zehntausend Lesern im Monat betrieben. Davor war ich mehrere Jahre als Autorin für Online-Magazine tätig.

Seit dieser Zeit schreibe ich Artikel, Bücher und Kurse zu Themen wie Schreiben, Kreativität, Selbstmanagement, Persönlichkeitsentwicklung und Lebensgestaltung. Etliche davon haben auch mit mir zu tun, spiegeln wider, was ich erfahren und gelernt habe.

Eine Liste meiner Veröffentlichungen finden Sie unter www.heikethormann.de. Dort können Sie sich auch in einen Newsletter eintragen oder mein Blog mit aktuellen Informationen abonnieren. Auf Instagram finden Sie mich unter www.instagram.com/heike.thormann.